Fakultätsvorträge
der Philologisch-Kulturwissenschaftlichen Fakultät
der Universität Wien

Fakultätsvorträge

der Philologisch-
Kulturwissenschaftlichen Fakultät
der Universität Wien

14

herausgegeben

von der Dekanin der Philologisch-
Kulturwissenschaftlichen Fakultät

Hans-Thies Lehmann

Ich mache ja nicht das, was Menschen sind oder tun, zu meinem Thema…

Postdramatische Poetiken bei Jelinek und anderen

Vienna University Press
V&R unipress

universität
wien

Informationen über die Philologisch-Kulturwissenschaftliche Fakultät:
http://phil-kult.univie.ac.at/

Kontaktadressen der Institute der Philologisch-Kulturwissenschaftlichen Fakultät:
http://phil-kult.univie.ac.at/ueber-uns/institute/

Anfragen und Kontakt:
info.pkwfak@univie.ac.at

Redaktion:
Sonja Martina Schreiner

Bibliografische Information der Deutschen Nationalbibliothek
Die Deutsche Nationalbibliothek verzeichnet diese Publikation in der
Deutschen Nationalbibliografie; detaillierte bibliografische Daten sind
im Internet über http://dnb.d-nb.de abrufbar.
ISBN 978-3-8471-0693-7

Veröffentlichungen der Vienna University Press
erscheinen bei V&R unipress GmbH.

Druck und Bindung: CPI buchbuecher.de GmbH, Zum Alten Berg 24,
D-96158 Birkach

Gedruckt auf alterungsbeständigem Papier

Liebe Pia Janke, liebe Jelinek-ForscherInnen,
meine Damen und Herren!

Anderthalb Hemmungen habe ich zu überwinden, wenn ich heute bei Ihnen vortrage. Zum einen die Sorge, die jeder hat, vor einer Versammlung von ExpertInnen eines Gebietes über dieses zu sprechen, wenn man doch damit unvergleichlich weniger vertraut ist als die meisten der Zuhörenden. Zum anderen die Beklemmung, die ich selbst schon mehrfach erfahren habe, als Wissenschaftler über das Werk eines Künstlers möglicherweise in dessen Anwesenheit zu sprechen. Einerseits ist der Diskurs des/der TheoretikerIn selten dazu angetan, den Beifall des/der KünstlerIn zu finden, weil der Begriff unvermeidlich das Individuelle des Werks ein Stück weit auslöscht, es vergleichbar macht und damit gleichsam um seinen Anspruch auf Singularität bringt. Andererseits tritt in dieser Lage besonders hässlich der Abstand hervor, der die Wissenschaftssprache von der Kunst trennt. Wenn ich heute versuche, halbwegs gefasst über die Textform bei Elfriede Jelinek zu sprechen, einer Autorin, deren Schreiben mit Recht immer wieder als mäandernd, grenzenlos überfließend und dahinströmend charakterisiert worden ist, so ist mir diese Diskrepanz besonders fühlbar. Dass dies bei mir aber nur als halbe Hemmung zählt, dafür ist der einfache Grund, dass meines Wissens von Elfriede Jelinek kaum zu erwarten oder zu befürchten ist, dass sie ihre Wohnung verlässt, um sich zu einer akademischen Veranstaltung wie dieser hier zu bemühen. (Gott sei Dank, sagt der Redner seufzend.)

I.

Ich werde mit einigen Bemerkungen zur Begrifflichkeit beginnen, denn etwas terminologische Klarheit tut immer gut. In der hiesigen Debatte spielt der Terminus »Postdramatik« eine erhebliche Rolle, und ich lese gelegentlich, dies sei ein Begriff, den ich durchgesetzt hätte, obwohl ich ihn kaum verwende. Nun geht es bei den Worten »Postdramatik« und/oder »postdramatisches Theater« nicht um Begriffsklauberei und nicht um die Verteidigung begrifflicher Hoheitsgewässer. Ich habe keine Aktien im postdramatischen Theater, und ich will niemandem den Spaß am griffigen Wort »Postdramatik« verderben. Das Problem, das ich in der Kurzformel »Postdramatik« erkenne, ist, dass sie suggerieren kann, eine umfassende Theoretisierung des Gegenwartstheaters sei in der Weise anzustreben, dass *Theater*formen und *Text*formen auf das Engste zusammengehören, dass sie mithin als eine Einheit erfasst werden sollen. Diese Einheit ist jedoch eine Schimäre. In der heutigen Lage gilt für das Verhältnis von Text und Theater vor allem, dass von der Textgestalt her in keiner Weise mehr die Theaterform prognostiziert werden kann, in der er zur Aufführung kommt. Mehr noch: Das Teilstück »Dramatik« kann die Vorstellung nahelegen, man könne tatsächlich das Theater, seine gegenwärtige Verfassung und seine Tendenzen wesentlich dadurch begreiflich machen, dass man die neueren Textformen einer genauen Analyse unterzieht. Diese Analyse ist allerdings mehr als notwendig und sollte mit der ganzen Strenge, die philologische Erkenntnis im Sinne von Peter Szondi verlangt, betrieben werden. Aber sie kann nicht die Erkenntnis des Theaters ersetzen. Diese verlangt gänzlich andere Gesichtspunkte als die Analyse von literarischen Texten, auch wenn es um Theatertexte geht. Alles deutet darauf hin, dass die jahrhundertealte mehr oder minder glückliche Ehe zwischen Monsieur le Texte und Madame Théâtre in eine schwere Krise gestürzt ist. Sie bewohnen nicht mehr das gleiche Apartment, treffen sich zwar noch häufig, aber eher zufällig und gehen jeder seine eigenen Wege. In jener Praxis, die spätestens seit Edward Gordon Craig gedacht und verstanden werden muss als eine Kunstform eigenen Rechts, können der Raum, die Zeit, der Körper, die Geste, das Licht, die Musik und der Rhythmus eine ebenso große Bedeutung haben wie der Text im Sinne einer vorgegebenen oder im Lauf der Theaterarbeit entwickelten Dimension. Mit anderen Worten: Theater kann einzig und allein aufgrund direkter Erfahrung (im emphatischen Sinn des Wortes) von Aufführungen zulänglich reflektiert werden. Man kann die ästhetische »Logik seines Produziertseins«,[1] um mit Adorno zu sprechen, in keiner Weise durch Textinterpretation erfassen bzw. diese primäre Wahrnehmung durch Textinterpretation ersetzen wollen. Wohl verdient der Text als Text, zumal wenn er von einer exorbitanten Autorin wie Elfriede Jelinek stammt, einen genauen analytischen Zugang, doch dieser muss von der Einsicht geleitet sein, dass er zunächst noch gar nichts mit den Möglichkeiten einer szenischen Realisierung zu tun hat.

Es gibt noch ein weiteres Problem mit den Begriffen »Dramatik« und »Drama« selber. Gerade im angelsächsi-

---

[1] Adorno, Theodor W.: *Noten zur Literatur*, Frankfurt am Main: Suhrkamp 1974, 159.

schen Raum ist die Gewohnheit verbreitet, als Drama einfach jeden Text zu bezeichnen, der für eine Aufführung gedacht ist. Hält man sich aber einen Moment lang vor Augen, was dann alles »Drama« heißt, so sollte es auf der Hand liegen, dass dieser vage Sprachgebrauch uns ein wichtiges Instrument sowohl der theaterästhetischen wie der literaturwissenschaftlichen Unterscheidung raubt. Tatsächlich sollte schon eine oberflächliche Betrachtung genügen, um zu erkennen, dass es kaum sinnvoll sein kann, mit demselben Begriff »Drama« Becketts späte Stücke, Heiner Müllers *Bildbeschreibung*, Sarah Kanes *4.48 Psychosis*, Jelineks *Die Schutzbefohlenen* oder Peter Handkes *Ich, die Unschuldigen und die Unbekannte am Rand der Landstraße* zu belegen. Ein solch laxer Sprachgebrauch beruht allein auf Gewohnheit und Bequemlichkeit. Mit Sinn wendet man den Term indessen auf so unterschiedliche Stücke wie die Shakespeares, Racines, Schillers, Kleists, Ibsens oder Tschechows an. Und um auch das andere Ende der Geschichte, also ihren Anfang, wenigstens zu streifen: Hat uns nicht schon lange die Altphilologie darüber belehrt, dass wir auch die Theatertexte der Antike, die wesentlich aus Chorgesängen, Tanz, sehr geringfügiger Handlung bestehen, eher verkennen, wenn wir sie nach dem Schema »Drama« interpretieren? Auch wenn man den Thesen der *Theorie des modernen Dramas* von Szondi nicht in jedem Punkt beipflichten will, so ist doch unverkennbar, dass das Drama, so Szondi, aus dem Wagnis des neuzeitlichen Menschen entstand, seine Welt allein aus der dialogischen zwischenmenschlichen Aussprache zu entwerfen.[2] Es liegt auf der Hand, dass ein

---

[2] Vgl. Szondi, Peter: *Theorie des modernen Dramas: 1880–1950*, Frankfurt am Main: Suhrkamp 1965 (Edition Suhrkamp 27), 14–19.

solcher Entwurf gesellschaftlich, politisch, philosophisch und sozial eine Realität voraussetzt, an die kaum mehr zu glauben ist. Dass Welt wesentlich durch den Dialog zwischen Menschen entworfen würde, ist angesichts unseres Wissens von den bestimmenden Mächten, die die Welt bewegen, eine ideologische Fiktion. Aus diesen und einer Reihe von anderen Gründen spreche ich lieber von »postdramatischem Theater«. Diese Formulierung orientiert unübersehbar darauf, die *Theater*mittel zu studieren, die sich in den letzten Jahrzehnten entwickelt, teilweise durchgesetzt haben, also all das, was nicht linguistisch erfassbarer Textbestand ist.

Ebenso wie das Drama ist die mit ihm verbundene Form des »dramatischen Theaters« für die bedeutendsten AutorInnen und Theaterleute nicht mehr das Objekt ihres Begehrens. Die radikal unterschiedlichen Inszenierungsversionen der Texte von Elfriede Jelinek sind ein gutes Beispiel dafür, wie wenig man gerade bei hervorragenden Theaterleuten eigentlich noch von der »Inszenierung« eines Texts sprechen kann. So kamen etwa bei der Uraufführung von *Bambiland* am Wiener Burgtheater 2004 durch Christoph Schlingensief nur wenige Textpassagen vor. (Jelinek hat Schlingensief deshalb in aller Freundschaft ihren »Assistent des Verschwindens« genannt.) Schlingensiefs neo-avantgardistische Gesamtkunstwerke stellen eher als Inszenierung eine Antwort auf Jelineks Sätze dar, die jedoch dadurch auf andere Weise wirksam werden, als wenn sie von einem/r RegisseurIn realisiert werden. Anders Nicolas Stemann, der für *Die Kontrakte des Kaufmanns* die Zusammenarbeit mit der Autorin für den Versuch eines »Echtzeit-Theater[s]«[3] suchte, bei dem das Ensemble als schnelle theatrale »Einsatztruppe« improvisatorisch mit dem Text umging und Jelinek gebeten wurde, den Text noch weiterzuschreiben, sodass jede Vorstellung anders ausfiel.

Die Herangehensweise von Jossi Wieler, der fünf Jelinek-Stücke inszeniert hat – *Wolken.Heim.* (1993), *er nicht als er* (1998), *Macht Nichts* (2001), *Ulrike Maria Stuart* (2007) und *Rechnitz (Der Würgeengel)* (2008) –, zeichnet sich hingegen durch eine Psychologisierung aus, die Jelineks theaterästhetischen Ideen und dem antimimetischen Charakter ihrer Texte eigentlich widerspricht. Und doch regte gerade dieser Regisseur die Autorin zu einer ihrer bedeutendsten Reflexionen über das Theater an. Ich meine ihren Essay über Wieler, die mehr eine Hommage an ihn darstellt. Ich komme darauf zurück.

Soviel zur radikal zu denkenden Autonomie des Textes und des Theaters, ihrer Selbständigkeit gegeneinander, die selbstverständlich die glücklichsten Momente eines Zusammenfindens nicht etwa verhindert, sondern – jenseits der ausgetretenen Pfade der dramaturgischen Routine – zuallererst ermöglicht. Es wird jedoch gerade in der Theaterwissenschaft zu selten bedacht, dass der Theatertext, gerade wenn man eine klare methodische Trennung der Ebenen von Theater und literarischer Gegebenheit vor Augen hat, Gegenstand einer zunächst immanenten Analyse seiner literarisch-ästhetischen Dimension werden kann und muss. Wenn

---

[3] Stemann, Nicolas: *Eine Art Kunst-Literatur-Theatermaschine. Zur Kölner Uraufführung von »Die Kontrakte des Kaufmanns«. Protokoll des Online-Chats mit Nicolas Stemann am 24.4.2009.* In: JELINEK[JAHR]BUCH. Elfriede Jelinek-Forschungszentrum 2010, 116–127, hier: 120.

ein Text nicht mehr in erster Linie als Rollentext gedacht wird, wird es erst möglich, seine rein textlichen Meriten zu würdigen, seine ästhetischen Qualitäten. Diese werden aber im postdramatischen Theater gerade von herausragender Bedeutung, wenn Charakter, Rolle und Handlung nicht mehr im Zentrum des Interesses stehen.

Wie aber ist eine Textform und also auch eine mögliche Dramaturgie dieser Texte zu beschreiben, wenn es sich offensichtlich nicht mehr um eine geschlossene Dramaturgie der Handlung, sondern um die planmäßige Öffnung des Textes handelt? Wenn also SprecherIn, Raum, Zeit, Örtlichkeit und Sprechsituation so gut wie unbestimmt bleiben – wobei wir der Einfachheit halber vorerst unterstellen, das Geschriebene sei als Sprechtext gemeint. Wenn der Text sich offenbar der Eigendynamik der Sprache anvertraut, so wie man es in der Moderne in Dichtung und im Denken immer wieder beobachten kann. Es bleibt dann eine Dramaturgie der Wörter zu bestimmen, die sprachliche Logik zu eruieren, die den Text vorantreibt – wohlgemerkt die künstlerische oder rhetorische Logik, nicht die Logik nach Maßgabe des Alltagsdenkens. Der Text lässt sich heute vielfach, so lehrt die Beobachtung, mindestens im gleichen Maße von den Zufällen des Sprachmaterials lenken wie von seinen thematischen Impulsen. Treffend benennt Juliane Vogel mit Bezug auf Jelinek das Resultat als »interessengeleitete Künstlichkeit«,[4] die sie schon im Modus der intertextuellen Bezüge erkennt, die nichts »Natürliches« übriglassen wollen und bewusst gegen den Wahn kämpfen, gedichtete Rede als »natürlich« von wirklichen Per-

---

[4] Vogel, Juliane: *Intertextualität*. In: Janke, Pia (Hg.): *Jelinek-Handbuch*, Stuttgart: Metzler 2013, 47–55, hier: 47.

sonen gesprochen zu denken. Stattdessen arbeitet die Intertextualität ebenso wie die Autonomisierung der Signifikanten an dem, was man in der Tat eine »Pluralisierung und Anonymisierung«[5] der Rede bei Jelinek nennen kann. Diese Textualität steht in der Tradition der modernen Montage und Collage: zum einen als thematischer Impuls: wenn man glaubt, die Realität nicht mehr ohne solche Öffnung auf viele Felder erfassen zu können. Zum anderen, mit dieser Problematik des Thematisierens verknüpft, als ein Sich-der-Bewegung-des-Materials-der-Sprache-Überlassen. »[…] et dès lors je me suis baigné dans le poème de la mer […]«[6] heißt es in Rimbauds *Le Bateau Ivre*, einem Schlüsselgedicht der Moderne.

Es sind Gleichklänge, Paronomasien, Repetitionen, Anaphern und syntaktische Parallelen, die den Prozess des Textes nun organisieren. Sie stehen nicht im Dienst der thematischen Setzungen, sondern bestimmen umgekehrt diese. Damit ist nicht planlose Willkür auf den Schild gehoben, sondern eine Forschungsarbeit im Material der Sprache als dem wesentlichen Medium, in dem sich etwas wie Ich und Selbst konstituieren. Darin liegt eine unmittelbar sprachphilosophische, des weiteren aber auch politische Dimension dieser Textpraxis des Sprachspiels. Julia Kristeva hat nicht umsonst von einer »Revolution«[7] der poetischen Sprache gesprochen und gendertheoretisch herausarbeiten können, wie sich das Subjekt einer solchen Sprache denkt: Der/die AutorIn als Subjekt dieser Spra-

---

[5] Ebd., 48.

[6] Rimbaud, Arthur: *Le Bateau Ivre – Das trunkene Schiff*, Frankfurt am Main: Insel Verlag 2008, 8.

[7] Werner, Reinold: Einleitung. In: Kristeva, Julia: *Die Revolution der poetischen Sprache*, Frankfurt am Main: Suhrkamp 1978 (Edition Suhrkamp 949), 7–25, hier: 12.

che sieht sich ihr zufolge als »ein Mann, der sich als Frau weiß und es nicht sein will.«[8] Bei einer Autorin wäre demgemäß zu überlegen, inwiefern die von Kristeva unterstellte phallische oder phallokratische Position sich mit diesem Faktum der Weiblichkeit der Autorin verbindet oder in Widerspruch steht. Wie also, wenn man variieren wollte: »Die Autorin ist eine Frau, die sich als Mann weiß, der sich als Frau weiß und es nicht sein will«?

In der deutschen Wissenschaftsszene besteht freilich die Gefahr, zugunsten dieser politischen, manchmal verbiestert ernsthaft diskutierten Dimension das Spielerische dieser Textform zu unterschlagen. Das bringt mich zu einer interessanten Lücke in der Diskussion. Jelinek interessiert sich offenbar durchaus für die amerikanische Avantgarde, für Paul McCarthy etwa oder Thomas Pynchon, dessen *Gravity's Rainbow* sie übersetzt hat. Ich erwähne dies, weil ich recht erstaunt bin, im *Lexikon Jelinek* nirgends den Namen Gertrude Stein zu finden und beinahe überhaupt nur bei Franziska Schößler einen entsprechenden Hinweis zu finden. Gewiss ist der Geist ein anderer, aber es liegt doch auf der Hand, dass die Schreibhaltung eine auffallende Ähnlichkeit aufweist, die bei Stein und Jelinek aus dem Material der Signifikanten mehr gewinnt als aus der logischen Sequenz der Signifikate. Ohnedies wäre das Konzept des *landscape play* hier eine zuständige Referenz, die in ihren Analogien und Differenzen

---

8 Lehmann, Hans-Thies: *Brecht lesen*, Berlin: Theater der Zeit 2016 (Recherchen 123), 295: »Das Subjekt der poetischen Sprache ist in gewisser Weise ein Mann, der sich als Frau weiß, aber es nicht sein will.« Vgl. »Le sujet du langage poétique est en quelque sorte un homme qui se sait femme mais ne veut pas l'être, et qui par ce second retournement, reprend une posture disons phallique qui le maintient dans le langage.« (Kristeva, Julia: *La révolution du langage poétique*, Paris: Edition du Seuil 1974, 600).

für die Erkundung von Jelinek noch ein unausgeschöpftes Potential bietet. In Steins Texten sind die – einigermaßen spärlichen – Erläuterungen ihres Theaterkonzepts immer wieder mit Bildern tatsächlicher Landschaften verbunden. Wenn man oft versucht ist, die Bühnen des neuen Theaters als Landschaften zu beschreiben, so sind dafür wohl die von Stein antizipierten Züge einer Defokussierung und Gleichberechtigung der Teile verantwortlich, die Abkehr von einer teleologisch gerichteten Zeit und die Dominanz einer »Atmosphäre« über dramatische und narrative Verlaufsformen. Weniger die Pastorale, wohl aber die Auffassung des Theaters als szenisches Gesamtgedicht wird kennzeichnend. Gertrude Stein tat nichts anderes als die künstlerische Logik ihrer Texte, das Prinzip der fortgesetzten, kontinuierlichen Gegenwart (»continous present«),[9] von syntaktischen und verbalen Verkettungen, die ähnlich später in der »minimal music« scheinbar »statisch« auf der Stelle treten, in Wirklichkeit sich in subtiler Variation und Schleifen immer neu akzentuieren, auf das Theater zu übertragen. Der geschriebene Text Steins *ist* in gewisser Weise schon die Landschaft. Er emanzipiert in einem bis dahin unerhörten Ausmaß den Satzteil gegenüber dem Satz, das Wort gegenüber dem Satzteil, das phonetische gegenüber dem semantischen Potential, den Klang gegenüber dem Sinnzusammenhang. Wie in ihren Texten Realitätsabbildung zugunsten des Spiels der Worte zurücktritt, so wird in einem »Stein-Theater« kein Drama, nicht einmal eine Geschichte vorkommen, wird man keine ProtagonistInnen unterscheiden können und werden sogar Rollen und identifizierbare Gestalten fehlen.

---

[9] Stein, Gertrude: *Composition as Explanation*. https://www.poetryfoundation. org/resources/learning/essays/detail/69481 (31.10.2016).

II.

Sehen wir nun den Anfang der *Schutzbefohlenen* näher an.

»Wir leben. Wir leben. Hauptsache, wir leben, und viel mehr ist es auch nicht als leben nach Verlassen der heiligen Heimat. Keiner schaut gnädig herab auf unseren Zug, aber auf uns herabschauen tun sie schon. Wir flohen, von keinem Gericht des Volkes verurteilt, von allen verurteilt dort und hier.«[10]

Ein Wir, das den gesamten Text trägt, steht am Anfang. Es ist so allgemein gesetzt, dass es wie ein alle Menschen umfassendes Subjekt erscheint. Das wiederholte Stichwort »leben« lässt uns hören: wir alle, die wir leben, wir Lebendigen. In der Theatersituation tut es noch mehr: Es umfasst potentiell das Wir aller im Theatersaal Versammelten. (Ähnlich wie der Satz »But you have friends«,[11] der ebenso kontextlos Sarah Kanes *4.48 Psychosis* eröffnet, das Publikum notwendigerweise ebenso adressiert wie mögliche MitspielerInnen auf der Bühne.) Dieses chorische Wir eröffnet den Text und lässt zunächst an den Chor der Flüchtlinge denken. Doch tut er es so, dass die Serie von Assoziationen und Anklängen mehr mit deutscher Geschichte zu tun haben scheint als mit den Medienbildern der gegenwärtigen Flüchtlinge.

Der Topos der Flüchtigen könnte von Hölderlin stammen, jedenfalls ist Wir, sind Wir verlassen, in einer Götterferne wie bei diesem Dichter die Menschen insge-

---

[10] Jelinek, Elfriede: *Die Schutzbefohlenen.* http://204.200.212.100/ej/fschutzbefohlene.htm (31.10.2016), datiert mit 14.06.2013 / 08.11.2013 / 14.11.2014 / 29.09.2015 (= Elfriede Jelineks Website, Rubriken: Aktuelles 2014, Theatertexte).

[11] Kane, Sarah: *4.48 Psychosis.* In: *Complete Plays*, London: Methuen 2001, 203–245, hier: 205.

samt. Das Wir, das sich jetzt als Zug bezeichnet, also ein Flüchtlingszug, ein Treck, wie man ihn von den Aufnahmen der Flüchtlinge früher aus dem Osten kennt, hat die »heilige Heimat«, so hieß Schlesien bei vielen, verlassen. So rückt das Spiel des Textes das Thema der Religion der gegenwärtigen Flüchtlinge in einen anderen Kontext: den der deutschen Fluchtgeschichte im Gefolge der Nazi-Herrschaft.

Kein rettender Gott, kein Gott der Gnade, weder ein antiker noch ein christlicher Gott »schaut gnädig herab« auf das Wir. Vom Gott oben liegt die Assoziation zum »herabschauen« nahe, von da zur Erniedrigung, dass man auf »uns« herabschaut. Über einen Klang gelangt der Text zu seinem nächsten Thema: »[…] schon. Wir flohen […]«.[12] Das O bringt mittels des Gleichklangs die erste konkrete Erwähnung der Idee der Flucht. Wo Flucht ist, muss Verfolgung sein, wo Verfolgung, eine Verurteilung. So gelangen wir über die Brücke der Assoziation zum Stichwort »Gericht des Volkes«. Kein Volksgerichtshof war notwendig wie die Nazis ihn einrichteten, kein Justizterror wird gebraucht, um das »Wir« in seine Lage zu bringen. Es sind vielmehr »alle«, die »uns« verurteilt haben, »dort und hier«.

So leistet der Text eine fortdauernde Überschneidung der Gegenwart mit der deutschen Geschichte, was die Möglichkeit eröffnet, von den Flüchtlingen zu sprechen, ohne sie zu einem Objekt der Darstellung zu erniedrigen. Gerade die ständige Verschiebung des Sprechersubjekts ermöglicht es, die Falle der Thematisierung zu vermeiden und stattdessen das Subjekt – den Autor/die Autorin – mit dem anderen Subjekt der Flüchtlinge zu verschalten

---

[12] Jelinek, Elfriede: *Die Schutzbefohlenen* (wie Anm. 10).

und zugleich mit dem Wir der deutschen und der Menschen (im Theater).

Die folgenden erschütternden Sätze spielen mit dem Sprachmaterial weiter. Es geht um Leben und Wissen:

>»Das Wißbare aus unserem Leben ist vergangen, es ist unter einer Schicht von Erscheinungen erstickt worden, nichts ist Gegenstand des Wissens mehr, es ist gar nichts mehr [...].«[13]

»Wir« sind von allem getrennt, was irgend zu wissen wäre. Es ist aus unserem Leben verschwunden, hinausgegangen, und es ist zugleich »vergangen«, gestorben oder ermordet worden, »erstickt«: bloße Geschichte, Vergangenheit, begraben unter einer Schicht, die nur aus Erscheinungen besteht: Ge-schichte. Diese »Erscheinungen« sagen viel: Gespenster, Fernsehbilder, bloße scheinhafte Bilder, das ist alles, was bleibt. Kein Wissen ist mehr da von dem, was unter der Schicht wäre: Geschichte, »unser« individuelles und gemeinschaftliches Leben. Kein Wissen bei den »Flüchtlingen« selbst, kein Wissen auch bei denen, die sie thematisieren. Ob das Leben unter den Erscheinungen erstickt ist oder das Wissbare, bleibt syntaktisch offen, wodurch wir hören können, dass das Leben eigentlich identisch ist mit dem Wissbaren darin. Dieses Leben wird jedoch zugleich durch die hartnäckig wiederkehrende Vokabel »nichts« markiert – »es« – das Leben »ist gar nichts mehr«. Und weiter:

>»Es ist auch nicht mehr nötig, etwas in Begriff zu nehmen. Wir versuchen, fremde Gesetze zu lesen. Man sagt uns nichts, wir erfahren

---

[13] Ebd.

nichts, wir werden bestellt und nicht abgeholt, wir müssen erscheinen, wir müssen hier erscheinen und dann dort.«[14]

Nichts, Nichts, Nichts. Die Wendung »etwas in Begriff zu nehmen« fällt auf, man erwartet »etwas zu begreifen«, aber es schiebt sich der Gedanke dazwischen, dass solches Begreifen auch ein »in Haft nehmen« bedeutet oder ein in den Griff kriegen. Im »Zwischen« dieses Zugs, im hier und dort, sind wir alle wie »bestellt und nicht abgeholt«. Sinn gewinnt der Kalauer erstens durch die Verbindung mit der Wendung »wir *er-fahren* nichts« und zweitens mit dem Gegenpol zum Wissen, dem äußerlichen Erscheinen auf einen (Gestellungs-)Befehl.

Wir haben den Gestus der Sätze bislang nicht erörtert. Er changiert bis zu diesem Punkt zwischen neutralem Beschreibungston, Klage und Anklage. Doch nun folgt eine Zäsur. Ein neuer Gestus tritt auf, das Fragen:

»[…] wir müssen hier erscheinen und dann dort, doch welches Land wohl, liebreicher als dieses, und ein solches kennen wir nicht, welches Land können betreten wir? Keins. Betreten stehn wir herum.«[15]

Absichtsvoll ist die Wortstellung verändert, um den Hiatus »Wir? Keins.« zu ermöglichen. »Keins« wirkt wie die Antwort von anderswoher, die die Wir-Stimme als Echo nachspricht. Dazwischen ist eine Antwort impliziert. Vom Betreten als räumlichem Eintreten oder Übertreten einer Schwelle führt der Doppelsinn auf das betretene, will sagen: beschämte Da-stehen. Womit die Flüchtlinge wieder im Text sind, da »stehn« sie ja. Es will scheinen, dass der Text, der sich dem Unsäglichen, dem

---

[14] Ebd.
[15] Ebd.

Elend der Flüchtlinge zuwendet, mit einer gewissen Scham die Thematisierung meidet, die stets etwas vom Zum-Objekt machen behält. Egal ob Jelinek Emmanuel Lévinas bewusst reflektiert – der Name dieses radikalen Kritikers der Objektivierung des Anderen, die bereits in jeder Thematisierung steckt, muss hier fallen und gehört, obwohl er ebenfalls im *Jelinek-Handbuch* fehlt, unbedingt in eine kommende sprach- und kunstphilosophische Erörterung der Schreibform dieser Autorin.

In solcher Weise fährt der Text fort, sich von Thema zu Thema voranzuarbeiten, stets auf dem Weg über die Erforschung der eigenen Sprache: durch Äquivokationen, parallele Satzkonstruktionen, Wortspiele, plötzlich mit antikisierenden Wendungen usw. Oder wäre es nicht triftiger zu sagen: Die deutsche Sprache, die die Autorin weniger als ihre »eigene« versteht als dass sie, die Sprache, sie, die Autorin schreibt, befragt sich selbst? Rimbaud schrieb in seinen *Lettres du voyant*: »C'est faux de dire: Je pense, on devrait dire: On me pense. – Pardon du jeu de mots.«[16] Er vergleicht sich selbst, den Autor, mit dem Holz, das als Violine von der Sprache gespielt wird. Nehmen wir mit Blanchot den poetischen Raum als ein »topologisches Geflecht« und betonen daran das Aktive, den Moment des Flechtens, das Worte verknüpft, ihren Sinn untereinander verschiebt, syntaktische Formen aufwertet zu Bedeutungsträgern unabhängig von dem darin Ausgesagten. Diese »Lust am Text«,[17] um mit Barthes zu sprechen, kann niemals ganz und gar kontrolliert werden. Vielmehr überlässt die Schreibinstanz das

---

[16] Rimbaud, Arthur: *Lettres du voyant (13 et 15 mai 1871)*, Genf: Droz 1975, 113.

[17] Vgl. Barthes, Roland: *Die Lust am Text*, Frankfurt am Main: Suhrkamp 1984.

Feld immer wieder dem in der Sprache schon Gegebenen, Vorgegebenen. Sie lässt sich von diesem vorantragen in der Reise des Schreibens, der Schreib-Reise (die oft auch im Kreise führt). Um an die Terminologie Kristevas zu erinnern: Die symbolische Ordnung der Sprache wird, wenn nicht zerrüttet, so doch immer wieder gestört durch das Semiotische.[18] Theatral ist diese Textform zumal in den späteren Stücken Jelineks nicht durch Dialog, sondern durch ein fortwährend präsentes Moment der Adresse, einer »An-Sprache«.[19] Dagegen sind die früheren Stücke »postdramatisch« in dem wörtlichen Sinne, dass sie sich als »Antworten« auf vorgegebene dramatische Gestalten geben.

III.

Interessant ist der Vergleich des folgenden Passus aus Jelineks *Schutzbefohlenen* mit einem analogen Chor von Flüchtlingen bei Einar Schleef:

»Wir werden wieder weggeschickt. Wir legen uns auf den kalten Kirchenboden. Wir stehen wieder auf. Wir essen nichts. Wir müssen doch wieder essen, wenigstens trinken. Wir haben hier so ein Gezweig für den Frieden, so Zweige von der Ölpalme, nein, vom Olivenbaum haben wir abgerissen, ja, und das hier auch noch, alles beschriftet; wir haben sonst nichts, wem dürfen wir ihn bitte überreichen, diesen Stapel, wir haben zwei Tonnen Papier beschrieben, man hat uns natürlich dabei geholfen, bittend halten wir es nun hoch,

---

[18] Vgl. Kristeva, Julia: *Die Revolution der poetischen Sprache* (wie Anm. 7), 77–78.

[19] Vgl. Bosse, Claudia: *»bambiland's day«. Eine akustisch-performative Stadt-Installation am 11.9.2009 in Düsseldorf*. In: Programmflyer des Forum Freies Theater zu *bambiland's day*, 2009.

das Papier, nein, Papiere haben wir nicht, nur Papier, wem dürfen wir es übergeben? Ihnen? Bitte, hier haben Sie es, aber wenn Sie nichts damit anfangen, müssen wir das alles noch einmal kopieren, noch einmal ausdrucken, das ist Ihnen doch klar? O droben ihr Himmlischen, wir falten fromm die Hände, ja, ihr seid gemeint, schaut nur herab! wir beten zu euch […].«[20]

Das ist ein starker Text. Ebenso stark ist der von Schleef:

»Wir bitten nicht, wir fordern von euch Wohnung, Brot, Kleidung und Fleisch. Der Gast ist König am Tisch des Fremden, König in seinem Bett. Eingedenk, daß euch das träfe, was uns trifft, folgt dem alten Brauch. Keiner bitte, denn geschähe es, lägen wir in unseren Betten und ihr würdet klopfen und fordern. Wir taten den alten Brauch, oft, nicht eurem Volk, anderen Völkern die gleich uns verdrängt wurden, getrieben, da das Alte nicht mehr standhielt. Wer es aufgegeben, gebrochen, davon sprechen wir nicht. Hört nicht unsere Klage, fordert sie nicht, keine Besinnung, keine Rückkehr, kein Bedenken, gebt, was nottut, sofort.

Wir klagen ein, daß uns Gutes geschieht, daß ihr Freie Freien dient, damit eurer Freiheit Sinn und Gerechtigkeit widerfährt. Tut ihr es nicht, wir weichen nicht, wir Freien fordern und erwarten nur eins, wenn ihr es nicht gebt, sind wir bereit zu sterben. Eingedenk, ihr würdet Gleiches fordern, von uns oder anderen Völkern, mit denen euch gleiche Bande verknüpfen wie uns mit euch, beten wir für euren Mut, uns zu folgen in den Tod, wenn keine friedliche Forderung Einlösung erfährt.

Wir schlafen in euren Betten, wir essen an eurem Tisch, schlaft ihr auf den Fluren, in Vorratskammern und Winkeln, laßt es uns gut gehen, bis wir vergessen, das alles, was ihr nicht wißt. Verlangt nicht zu wissen, von dem ihr verschont werden möchtet, aber bedenkt, bevor ihr tut, was nötig ist in eurer Meinung, was geschieht, an uns, an euch.

---

[20] Jelinek, Elfriede: *Die Schutzbefohlenen* (wie Anm. 10).

Unsere Heimat könnt ihr nicht ersetzen, nicht Salz, nicht Brot, nicht andere Kost. Zucker ist bei euch anderer Zucker, unser Mehl ist nicht euer Mehl, und preist nicht wie billig ihr abgebt und wie teuer wir einst waren. Einst, das ist vorbei, vorbei, in jedem Gesicht könnt ihr lesen, was euch nie widerfahren mag, verschont mögt ihr bleiben, das bitten die Fordernden von denen, die uns schlecht getan. Siegen die anderen, geh es eurem Volk wie uns.«[21]

Wieder lässt sich der Vergleich mit Hilfe von Lévinas in die Wege leiten, der eine grenzenlose, übermäßige Verantwortung für den anderen als konstitutiv für das Ich denkt, und das Ich in diesem Sinn als »Geisel des Anderen«.[22] Die zunächst absurd maßlos wirkende Forderung, die hier vom anderen in Gestalt der Flüchtlinge erhoben wird, muss verstanden werden als die Forderung, die aus uns selbst heraus erhoben werden muss. Nur vom »Wahn« einer solchen grenzenlosen Verantwortung her wäre dann konkret politisch die begrenzbare Verantwortung zu konzipieren.

Gewiss ist die Autorin nicht die beglaubigende Instanz, die über die Lektüre ihrer Texte das letzte Wort behalten soll. Aber sie hat viel und sehr Erhellendes über ihr eigenes Schreiben geschrieben, fragen wir also bei ihr nach. Einer der fulminantesten Essays von Jelinek ist, wie ich meine, der bereits erwähnte über Jossi Wieler, der wie ein klassischer Text dringend einen Satz für Satz erläuternden Zeilenkommentar verlangt. Darin erklärt sie u.a., dass es ihr in ihrem Schreiben nie um die Verschiedenheit von Figuren geht. Sie borgt sich vielmehr, heißt

---

21 Schleef, Einar: *Wilder Sommer.* In: Programmbuch des Wiener Burgtheaters zu Einar Schleefs *Wilder Sommer*, 1999.
22 Lévinas, Emmanuel: *Jenseits des Seins oder anders als Sein geschieht*, Freiburg: Alber 1998, 309.

es, deren »schattenhaftes Sprechen, das immer schon ein anderer vor ihnen gesagt hat«,[23] aus. Die Rede ist immer schon ein Sprechen anderer, von der Position des Texteschreibens aus »austauschbar«, »sowieso«. Ebenso wird ausdrücklich dementiert oder ausgeblendet, dass die im Text gesetzten Taten überhaupt die Taten einzelner Menschen sind. Das ist schon recht sensationell, denn wenn es an dem ist, wie wäre dann noch ein Urteil, ein politisches, über Taten möglich? Und wenn die Figuren nur als Redeformen existieren, kann man dann noch sagen, etwa die *Schutzbefohlenen* seien ein Stück für die Flüchtlinge? Angesichts der bekannten persönlichen Haltung der Autorin erübrigt sich die Frage gewiss, sofern die Position oder Intention der realen Person Elfriede Jelinek betroffen ist. Aber wer wäre der Adressat ihrer Solidarität im Text?

Während der/die RegisseurIn aus dem, was sie schreibt, Personen erfindet, die »Verhältnisse zueinander« haben, sagt die Autorin von sich: »Ich habe nur ein einziges Verhältnis, das zur Sprache. Ich mache ja nicht das, was Menschen sind oder tun, zu meinem Thema, sondern das was das Gleiche an ihrem Handeln ist, die Struktur ihres Handelns, also wonach sich die Figuren verhalten, *ohne zu sein*. Sie sind da, aber sie sind nicht. Meine Figuren gibt es nicht.«[24]

Philosophische Analyse könnte versuchen zu klären, ob Jelinek hier das Sein mit Hegel vom bloßen Existie-

[23] Jelinek, Elfriede: *Die Leere öffnen (für, über Jossi Wieler)*: http://www.a-e-m-gmbh.com/wessely/fjossi2.htm (31.10.2016), datiert mit 2006 (= Elfriede Jelineks Website, Rubriken: Archiv 2006, zum Theater).
[24] Ebd.

ren[25] oder mit Heidegger vom Dasein[26] unterscheidet. Worauf es ankommt, ist die Flächigkeit der Psychologie, die der Sprache ihren Raum eröffnet. Der Begriff der Fläche trifft das Schreiben von Jelinek noch immer, wenn Fläche mit Deleuze als Gegensatz zur scheinhaften Tiefe des Subjekts verstanden wird. Die Personen existieren buchstäblich nur in ihrem Sprechen, etwas anderes oder woanders sind sie nicht.

Was der Text erzeugt, wären demnach keine Personen, keine *dramatis personae*, sondern vielmehr *FIGUREN*. Jelinek selbst benutzt den Begriff gelegentlich, z.B. an einer Stelle, wo sie ihr Theater als ihren eigenen Diskurs behauptet, einen Diskurs der Anklage: »Die Zeugen meiner Anklage gegen Gott und Goethe, mein Land, die Regierung, die Zeitungen und die Zeit solo, sind die jeweiligen Figuren, jedoch ohne sie darzustellen.«[27] Sinnvoll scheint mir daher, für die chorischen und individuellen Gestalten dem Begriff der Figur einen systematischen Wert zu geben. Er erinnert sowohl an Figuren im Spiel, die ebenfalls nur soweit etwas bedeuten, als sie das System des Spiels tragen – so wie die Figuren bei Jelinek die Dramaturgie der Wörter tragen und ausbaden. Und man spricht in der Rhetorik ebenfalls von Figuren, die lediglich eine bestimmte Konstellation von Signifikanten darstellen.

---

[25] Vgl. Hegel, Georg Wilhelm Friedrich: *Wissenschaft der Logik II*. In: Werke in zwanzig Bänden, Bd. 6. hg. v. Eva Moldenhauer und Karl Markus Michel, Frankfurt am Main: Suhrkamp 1969, 572.

[26] Vgl. Heidegger, Martin: *Sein und Zeit*, Halle an der Saale: Niemeyer 1927, 12–13; vgl. weiters die Ausgabe Berlin: Akademie Verlag 2007, 10–15.

[27] Jelinek, Elfriede: *Sinn egal. Körper zwecklos*. http://www.a-e-m-gmbh.com/ej/fsinn-eg.htm (31.10.2016), datiert mit 1997 (= Elfriede Jelineks Website, Rubrik: zum Theater).

Zum Schluss kann ich mir nicht versagen, auf eine Parallele – nicht eine Identität – der poetologischen und zugleich theaterästhetischen Reflexion hinzuweisen zwischen Elfriede Jelinek und Heiner Müller. Jelinek schreibt einmal: »Der Sinn läuft überhaupt durch den Schauspieler hindurch, der Schauspieler ist ein Filter, und durch ihn läuft Sand durch Sand, ein anderer Sand, durch den Sand, Wasser durch Wasser.«[28]

In seinem vielleicht dichtesten und komplexesten Text zum Theater, dem Brief an Dimiter Gottscheff, spricht Heiner Müller davon, »[...] daß [...] nur der Schauspieler den Zufall ins Spiel bringen kann, sein Körper der Kies, in den der Text sich einschreibt und verliert mit der gleichen Bewegung, Substitut für andere Körper, die dem Massaker der Ideen ausgesetzt sind [...].«[29] Der Körper des/der SpielerIn einmal als Kies, einmal als Sand, den der Text durchquert, als Sand, der durch Sand läuft bei Jelinek, bei beiden als sich sogleich wieder verlierende Spur. Wo Müller nur die Assoziation zulässt, die Einschreibung des Textes in den Körper, der Kies ist, mit dem Kielwasser eines Schiffs zusammenzudenken, spricht Jelinek das Wasserbild aus. Zwei Autoren, denen es um den Text geht, der nicht dauern wollen soll (und vermutlich gerade deshalb dauern wird).*

---

[28] Ebd.

[29] Müller, Heiner: *Brief an den Regisseur der bulgarischen Erstaufführung von Philoktet am Dramatischen Theater Sofia.* In: *Herzstück*, Berlin: Rotbuch 1974 (Heiner Müller. Texte 7), 102-110, hier: 103.

* Die bibliographischen Recherchen für den Druck des Vortrags haben dankenswerterweise Vasileios Basimakopoulos, Christian Schenkermayr, Konstanze Fladischer und Sabrina Weinzettl (Forschungsplattform Elfriede Jelinek. Texte – Kontexte – Rezeption) übernommen.

Appendix: Gespräch zwischen Hans-Thies Lehmann, Pia Janke und dem Auditorium (21.01.2016)

Pia Janke: Die Anregungen zu Gertrude Stein, die die Sprachspiele betreffen, sind sehr aufschlussreich. Sprachspiele werden bei Jelinek aus der Tradition der *Wiener Gruppe* hergeleitet, auch der Gedanke der Sprache als Material, der Materialcharakter, und wie damit gespielt wird. Sie haben über den Bezug der Texte zum Theaterraum gesprochen, dass der Theaterraum letztlich in einer Form in diesen Texten angelegt oder vorhanden ist. Sie haben das anhand des Beginns von *Die Schutzbefohlenen* besprochen, auch das chorische Wir, das hier präsent wird. Ist das ein Wir, das manifest ist? Gerade in den *Schutzbefohlenen* ist es ja ein Wir, das eine Leere bzw. eine Lücke markiert. Es sind letztlich die, die nicht anwesend sind.

Hans-Thies Lehmann: Ja, die Toten auch.

Pia Janke: Die Toten, die keinen Platz haben, die keinen Ort haben.

Hans-Thies Lehmann: Und die Lebenden. Man kann dieses Wir nicht bestimmen. Es kann ein Regisseur kommen und legt alles aus, stellt 50 Flüchtlinge auf die Bühne, und dann hört man, was oftmals von den Flüchtlingen gar nicht so gedacht werden würde, sondern von anderen Instanzen. Man könnte sich diese *Schutzbefohlenen* als einen Raum vorstellen, der ident ist für die Spieler und die Performer, in dem die Performer nur die Sätze hin- und hertreiben, und wenn sich wieder Leute hier versammeln, dann ist das wieder ein neues Wir usw. Man kann es weder als Identität an sich noch textlich fest-machen. Eine Öffnung zum Theater ist jedoch immer vorhanden, und deswegen muss man die Theaterform sehen, analysieren und untersuchen, was sie aus diesen Texten macht.

Susanne Vill: Ich habe mich bei der Abstrahierung der Wörter von der dramatischen Person gefragt, ob auch eine andere Formationsform angebracht wäre. Man könnte sich auch Computerstimmen vorstellen, denn mit dem Stimmklang kommt die Assoziation von Geschlecht, Alter usw. mit hinein, und dadurch bekommen die Figuren mehr Körper als intendiert ist.

Pia Janke: Es gibt einen Text von Elfriede Jelinek, der dezidiert für eine Computerstimme konzipiert ist, und Schlingensief hat in seiner Inszenierung von *Bambiland* den Text über Computerstimme einspielen lassen, um psychologisierende Elemente zu vermeiden.

Hans-Thies Lehmann: Der Einfachheit halber kann man unterstellen, dass diese Texte Redetexte für SchauspielerInnen sind. Das ist tatsächlich überhaupt nicht sicher. Man kann sie als Schrift denken, man kann sie elektronisch denken, man kann sie in verschiedenster Weise denken, aber man entkommt dadurch nicht der Frage der Geschlechter, der Körper oder der Frage der Sinnlichkeit des Theaters. In dem Maße, wie die Elektronik integriert wird, entsteht wieder das Spannende zwischen dem Lebendigem und der Maschine. Gäbe es keine sinnlichen Anwesenden mehr, ginge das nicht. Ein interessantes Beispiel dazu ist *Stifters Dinge* von Heiner Goebbels, in dem sich ein tatsächlicher Apparat auf das Publikum zu und wieder wegbewegt. Es gab kaum menschliche Präsenz. Die sinnliche Präsenz des Publikums ist jedoch stark vorhanden. Man muss bei dem

Versuch, die Texte auch jenseits der Genderthemen mit Elektronik zu verbinden, immer dieses Spannungsverhältnis im Auge behalten. Die Bedeutung des Elektronischen ist immer daran gebunden, dass hier ein Spannungsverhältnis zur sinnlichen Live-Präsenz bleibt.

Teresa Kovacs: Sie haben angesprochen, dass man in der wissenschaftlichen Auseinandersetzung unterscheiden soll, ob man von Theater oder von Theatertexten spricht. Elfriede Jelinek ist eine Herausforderung, da sie selbst immer wieder die Grenze überschreitet und die Texte weit über den Text hinausgehen. Wie soll man mit Texten umgehen, die so sehr ins Theater eingreifen? Karen Jürs-Munby sagt, dass es keine literarische Revolution ist, sondern dass schon die Form, die das Theater betrifft, eine Revolution ist.

Hans-Thies Lehmann: Ein/e RegisseurIn kann aus einem Text ein ganz klassisches Theater machen, oder umgekehrt kann man aus klassischen Texten sehr offene Theaterformen entwickeln. Elfriede Jelinek denkt theatermäßig sehr gegenwärtig und will dem Text das Theater eröffnen. So einfach ist es jedoch nicht. Das kann in einem Text vorkommen, ohne dass es je Theater-Wirklichkeit wird.

Pia Janke: Interessant war die Inszenierung von Schlingensief, weil der Versuch unternommen wurde, der Struktur des Textes mit einer theatralen Form zu entsprechen, die mit Medien arbeitet und diese Vernetztheit wiedergibt, die in den Texten vorhanden ist, aber mit Bildern und Verschränkungen, Bildvernetzungen. Es war eine Art von Transformation der Textstruktur in eine szenische Struktur, der Text an sich war nicht mehr vorhanden, aber es war eine theatrale Form vorhanden.

Hans-Thies Lehmann: Er macht das nicht nur mit seinen eigenen Texten und Inszenierungen, sondern auch hier, der Text bekommt eine andere Funktion.

Claudia Bosse: Ich habe das adressierte, solidarische Wir als einen aktiven Vorgang verstanden, als Akt dieser Sprache. Es stellt sich jedoch die Frage, anhand welcher Solidarität es sich konstruiert.

Hans-Thies Lehmann: In diesen Texten, auch in manchen der heutigen Theaterformen, kommt Politik vor, auch als Geste von Solidarität. Das Theater funktioniert aber erst da, wo es genau das zum Problem macht. Man findet sich in einem falschen Konsens mit dem Publikum. Für das Gute gegen das Böse sind wir alle. Elfriede Jelinek führt einen durch dieses Wir aufs Glatteis, man muss sehr genau schauen, um zu erkennen, dass dieses Wir nicht einfach das Wir der Flüchtlinge ist.

Claudia Bosse: Eine Falle der Repräsentation?

Pia Janke: Ja, denn das Wir kippt dann auch, es ist ja plötzlich ein ganz anderes Wir, ein Gegen-Wir.

Hans-Thies Lehmann: Und es kippt dann auch wieder zurück. Es ist unkontrollierbar. Genau diese Unkontrollierbarkeit ist auch entscheidend zwischen Bühne und Publikum. Das Wir ist nicht einfach das Publikum. Das Publikum ist schließlich keine Gesamteigenschaft. Sondern wir sind jetzt alle in einem Theater, wir sind auch ein Wir. Und im Augenblick, wo das wiederhergestellt wird, wird diese Falle der Repräsentation immer wieder aufgemacht.

Claudia Bosse: Der Text entzieht sich dem eigentlich permanent.

Hans-Thies Lehmann: Der Text tut es, aber man muss zweideutig denken, wie mit dem Text im Theater umgegangen wird. Ich kenne das aus einer anderen Parallele mit *Die Maßnahme* von Bertolt Brecht. Wenn *Die Maß-nahme* gespielt wird mit der Musik von Hanns Eisler, dann ist das wirklich ein Hohelied auf die Disziplin. Aber in dem Augenblick, in dem der Text die Musik verliert, wird die Disziplin in Frage gestellt. So scheint das bei Jelinek auch zu sein, dass sie immer wieder suggeriert, hier wäre etwas Klares, und dann passiert etwas, das das vollkommen auflöst.

Pia Janke: *Die Schutzbefohlenen* werden gerade überall gespielt und häufig mit der Intention, dass man Flücht-linge durch den Text sprechen lässt. Das Interessante ist jedoch eher, den Text zum Sprechen zu bringen als eine konkrete Gruppe.

Andreas Munninger: Zum Vergleich von Gertrude Stein und Elfriede Jelinek: Ein Unterschied besteht da-rin, dass sich Gertrude Stein dem Spiel der Signifikanten viel mehr überlässt und dadurch den ontologischen Sta-tus des Signifikats beinahe auflöst. Durch die ständige Wiederholung des Wortes wird der Sinn aufgelöst, und bei Jelinek ist es eher das Gegenteil. Die Rolle des Signi-fikats wird nicht infrage gestellt. Ein Kalauer bewirkt eine Irritation, aber der Sinn des Wortes geht nicht ver-loren, sondern wird erst bemerkbar durch diese minimale Abweichung. Zu dem Vergleich Heiner Müller und Elfriede Jelinek: Man kann bei beiden von einer Art ›Neologismusarchitektonik‹ sprechen. Man kommt dadurch zu einer Generalmetapher. Einerseits diese Ver-knöcherung bzw. Versteinerung, bei der die tektonischen Platten aufeinander treffen bei Müller, und dieser Zug der Verflüssigung und des Verfließens bei Jelinek. Das wäre ein sehr ergiebiges Forschungsgebiet.

Hans-Thies Lehmann: Ich habe selbst vor vielen Jah-ren versucht, diese Faszination, diese Generalmetapher bei Müller über »die Steine sind das Bleibende«, anzusehen. Er hat es geschafft, den berühmten Satz von Brecht, »so wie es ist, bleibt es nicht« umzudrehen zu »so wie es bleibt, ist es nicht«. Die Faszination mit dem, was bleibt. Demgegenüber ist es bei Brecht wie bei Jelinek viel mehr die Faszination mit der Flüssigkeit. Ich würde Ihnen zustimmen, dass die Auflösung des Signifikats bei Gertrude Stein weitergeht. Ich würde aber nicht sagen, dass Jelinek das Signifikat wieder restituiert. Man müsste für diese Behauptung ihre politischen Intentionen eindeutig interpretieren. Ich erinnere an ihre Stellungnahme zu der Handke-Geschichte. Sie sagt, er kann schreiben, was er will, und das ist kein Grund, diese Polemik gegen ihn zu führen. Sie macht da sehr scharf den Unterschied zwischen dem, was man als Person, als Mensch, als politisches Wesen sagt, und dem, was man schreibt. Ich glaube, dass der Text viel weniger Solidarität mit den Flüchtlingen im Sinne der allgemeinen Ideologie hat, als man denkt, während aber die politische Demontage der Gewissheiten, die wir in unserem Diskurs haben, tatsächlich politische Kritik ist. Ich würde nicht sagen, dass das Signifikat sich wiederherstellt, sondern dass sie viel stärker mit den Resten von Signifikat-Elementen arbeitet als Stein.

Teresa Kovacs: Ich finde es sehr interessant, dass Sie gerade bei Stein dieses Spielerische angesprochen haben, weil ich mich gerade mit Jelineks Rezeption von McCarthy auseinandersetze. Auch hier betont sie das Spielerische und Lustvolle in seiner Kunst und meint, dass sich McCarthy, obwohl er ja eine starke Nähe zum *Wiener Aktionismus* hat, gerade durch dieses Humorvolle und Spielerische auch wieder vom *Wiener Aktionismus* unterscheidet.

Hans-Thies Lehmann: Ich wusste nicht, dass sie sich im Bezug darauf so geäußert hat, finde es jedoch sehr wichtig für diese Diskussion. Auch für unseren Begriff vom ›Politischen Theater‹. Ich denke dabei auch an manche Diskussion über *Rimini Protokoll*, worüber manche Leute sagen: »Was ist denn das? Das ist ja bloß komisch«, aber es ist gerade dieser Humor und das Spielerische, das einem in guten Arbeiten von *Rimini Protokoll* baff dasitzen lässt. Das ist dann eine Komik, die das Absurde betont und nicht die Kritik bereits vorwegnimmt, die dann daraus folgen müsste.

Pia Janke: Wir haben vor, ein großes Projekt zu Jelinek und Komik zu machen, und wir wollen auch die Bezüge zu US-amerikanischen bildenden Künstlern und Künstlerinnen, aber auch zu Gertrude Stein, untersuchen.